AF175728

Impressum
Verlag: BABADADA GmbH, Nedderfeld 112 , 22529 Hamburg
Geschäftsführer / Verlagsleitung: Harald Hof
Druck: Books on Demand GmbH, In de Tarpen 42, 22848 Norderstedt

Imprint
Publisher: BABADADA GmbH, Nedderfeld 112 , 22529 Hamburg, Germany
Managing Director / Publishing direction: Harald Hof
Print: Books on Demand GmbH, In de Tarpen 42, 22848 Norderstedt

1

โรงเรียน
el colegio

หาร
dividir

186/2

กระดาน
el pizarrón

ห้องเรียน
el aula

สนามโรงเรียน
el patio de la escuela

ครู
el maestro

กระดาษ
el papel

เขียน
escribir

ปากกา
la birome

โต๊ะทำงาน
el escritorio

ไม้บรรทัด
la regla

หนังสือ
el libro

นักเรียน
el alumno

กระเป๋าหนังสือ	กล่องดินสอ	ดินสอ
la mochila	la caja de lápices	el lápiz

กบเหลาดินสอ	ยางลบ	สมุดวาดภาพ
el sacapuntas	la goma (de borrar)	el bloc de dibujo

ภาพวาด
el dibujo

พู่กัน
el pincel

กล่องสี
la caja de pinturas

กรรไกร
la tijera

กาว
el pegamento

สมุดแบบฝึกหัด
el cuaderno de ejercicios

การบ้าน
la tarea

ตัวเลข
el número

บวก
sumar

ลบ
restar

คูณ
multiplicar

คำนวณ
calcular

ตัวอักษร
la letra

อักษรพยัญชนะ
el abecedario

คำ
la palabra

ข้อความ

el texto

อ่าน

leer

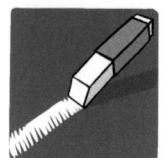

ชอล์ก

la tiza

บทเรียน

la lección

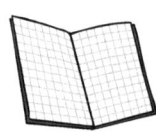

ลงทะเบียน

el cuaderno de clase

การสอบ

el examen

ใบรับรอง

el certificado

ชุดนักเรียน

el uniforme escolar

การศึกษา

la educación

สารานุกรม

la enciclopedia

มหาวิทยาลัย

la universidad

กล้องจุลทรรศน์

el microscopio

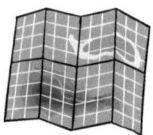

แผนที่

el mapa

ตะกร้าใส่เศษกระดาษที่ไม่ใช้แล้ว

el tacho (de basura)

การท่องเที่ยว

el viaje

โรงแรม
el hotel
Grand
โฮสเทล
el hostel
ROOMS
CHANGE
สำนักงานแลกเปลี่ยนเงินตรา
la casa de cambio
กระเป๋าเดินทาง
la valija
รถยนต์
el auto

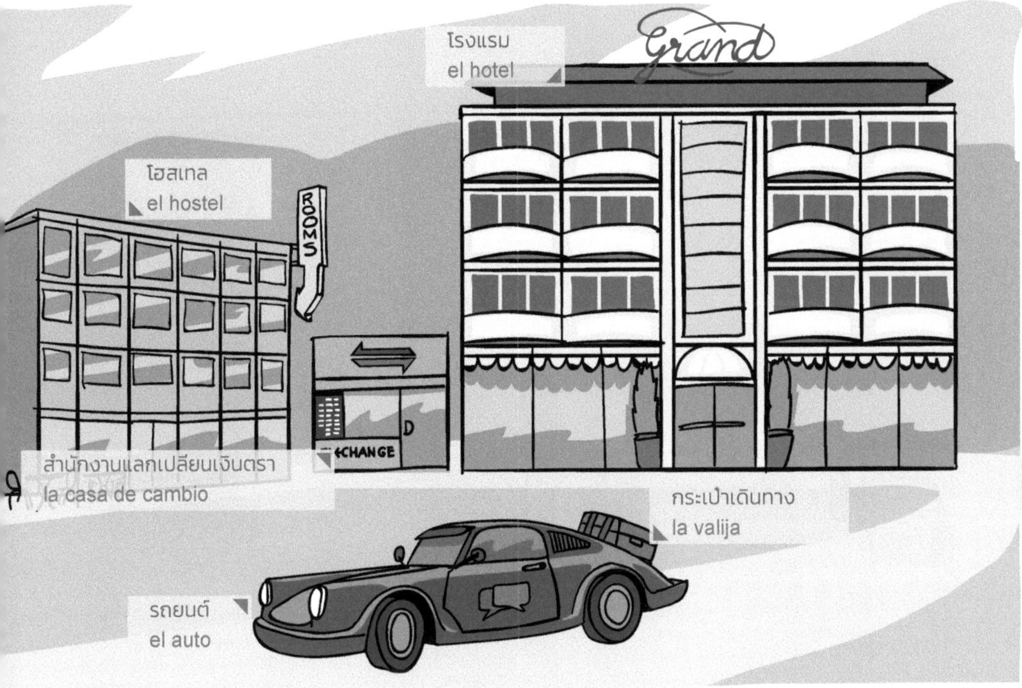

ภาษา

el idioma

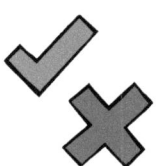

ใช่/ไม่ใช่

sí / no

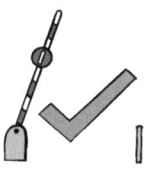

ตกลง

Está bien

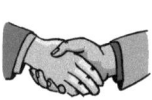

สวัสดี

hola

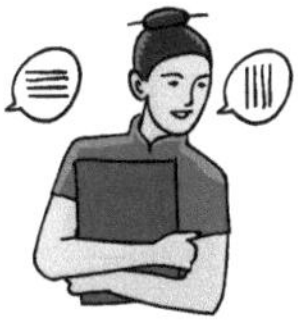

นักแปล

el traductor

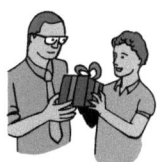

ขอบคุณ

Gracias

ราคาเท่าไหร่...?

¿cuánto cuesta...?

ฉันไม่เข้าใจ

No entiendo

ปัญหา

el problema

สวัสดีตอนเย็น

¡Buenas tardes!

สวัสดีตอนเช้า

¡Buenos días!

ราตรีสวัสดิ์

¡Buenas noches!

แล้วพบกันใหม่

el adiós

ทิศทาง

la dirección

กระเป๋าเดินทาง

el equipaje

กระเป๋า

el bolso

กระเป๋าสะพายหลัง

la mochila

แขก

el invitado

ห้อง

la habitación

ถุงนอน

la bolsa de dormir

เต้นท์

la carpa

ข้อมูลนักท่องเที่ยว

la información turística

ชายหาด

la playa

บัตรเครดิต

la tarjeta de crédito

มื้อเช้า

el desayuno

มื้อกลางวัน

el almuerzo

มื้อเย็น

la cena

ตั๋ว

el pasaje

ลิฟต์

el ascensor

แสตมป์

el sello

พรมแดน

la frontera

ภาษีศุลกากร

la aduana

สถานทูต

la embajada

วีซ่า

la visa

พาสปอร์ต

el pasaporte

ขนส่ง
el transporte

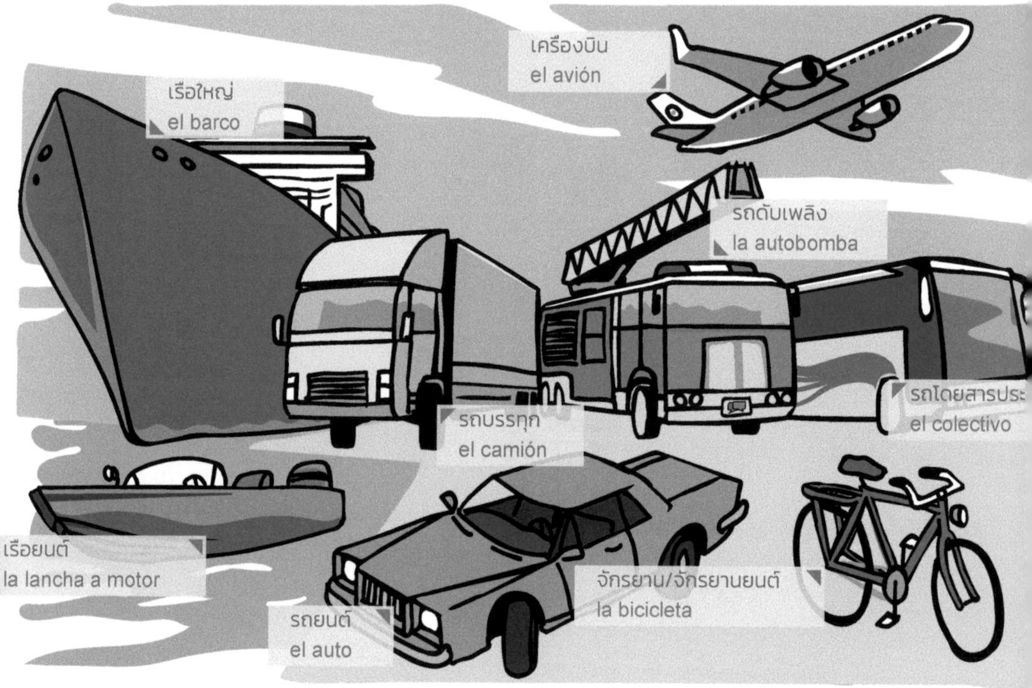

เครื่องบิน
el avión

เรือใหญ่
el barco

รถดับเพลิง
la autobomba

รถโดยสารประ
el colectivo

รถบรรทุก
el camión

เรือยนต์
la lancha a motor

จักรยาน/จักรยานยนต์
la bicicleta

รถยนต์
el auto

เรือข้ามฟาก

el ferry

เรือ

el bote

รถจักรยานยนต์

la moto

รถตำรวจ

el patrullero

รถแข่ง

el auto de carreras

รถเช่า

el auto de alquiler

8

ขนส่ง - el transporte

การแบ่งกันใช้รถยนต์
el alquiler de autos

รถลาก
la grúa

รถขยะ
el camión de la basura

เครื่องยนต์
el motor

เชื้อเพลิง
la nafta

ปั้มน้ำมัน
la estación de servicio

เครื่องหมายจราจร
la señal de tránsito

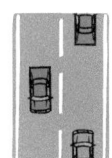

การจราจร
el tránsito

การจราจรติดขัด
el embotellamiento

ที่จอดรถ
el estacionamiento

สถานีรถไฟ
la estación de tren

รางรถไฟ
las vías

รถไฟ
el tren

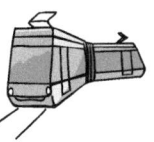

รถราง
el tranvía

ตู้รถไฟ
el vagón

ขนส่ง - el transporte 9

เฮลิคอปเตอร์
el helicóptero

สนามบิน
el aeropuerto

หอคอย
la torre

ผู้โดยสาร
el pasajero

ตู้บรรจุสินค้า
el contenedor

กล่องกระดาษ
la caja de cartón

รถเข็น/รถลาก
la carretilla

ตะกร้า
la canasta

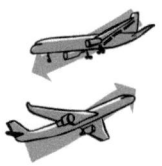

บินขึ้น/ ลงจอด
despegar / aterrizar

เมือง

la ciudad

หมู่บ้าน
el pueblo

ใจกลางเมือง
el centro de la ciudad

บ้าน
la casa

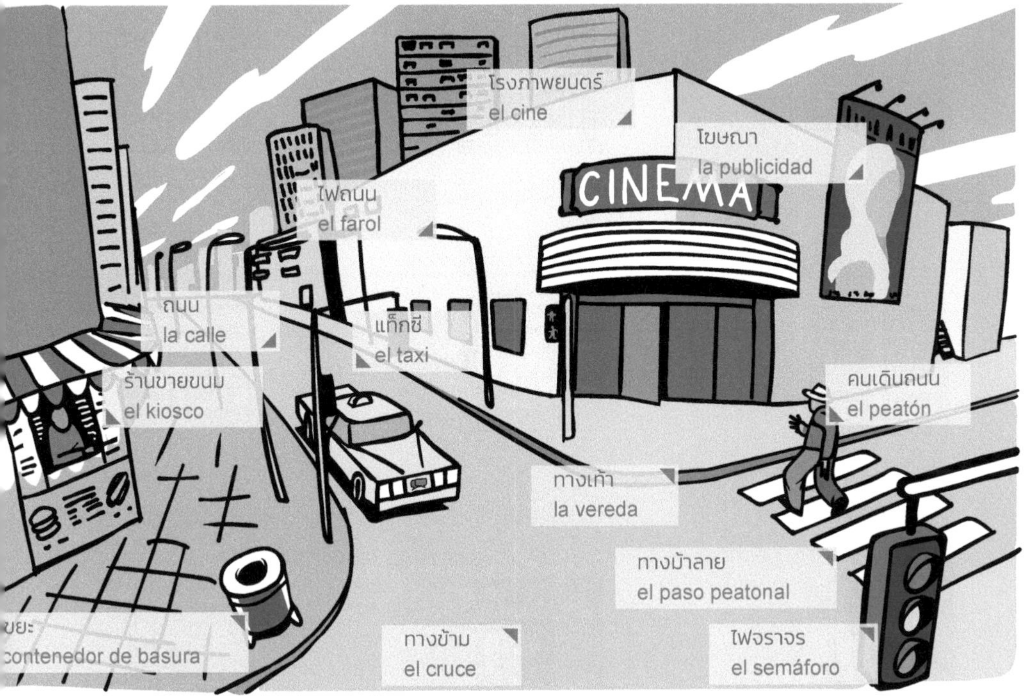

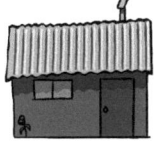

โรงภาพยนตร์
el cine
CINEMA
โฆษณา
la publicidad
ไฟถนน
el farol
ถนน
la calle
แท็กซี่
el taxi
ร้านขายขนม
el kiosco
คนเดินถนน
el peatón
ทางเท้า
la vereda
ทางม้าลาย
el paso peatonal
ขยะ
contenedor de basura
ทางข้าม
el cruce
ไฟจราจร
el semáforo

กระท่อม

la cabaña

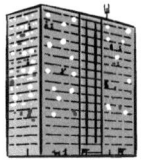

แฟลต

el departamento

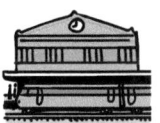

สถานีรถไฟ

la estación de tren

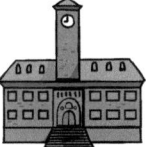

ศาลากลางจังหวัด

la municipalidad

MUSEUM

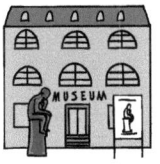

พิพิธภัณฑ์

el museo

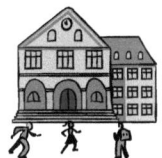

โรงเรียน

el colegio

มหาวิทยาลัย

la universidad

ธนาคาร

el banco

โรงพยาบาล

el hospital

โรงแรม

el hotel

ร้านขายยา

la farmacia

สำนักงาน

la oficina

ร้านขายหนังสือ

la librería

ร้านค้า

el negocio

ร้านขายดอกไม้

la florería

ซูเปอร์มาร์เก็ต

el supermercado

ตลาด

el mercado

ห้างสรรพสินค้า

las grandes tiendas

ร้านขายปลา

la pescadería

ศูนย์การค้า

el centro comercial

ท่าเรือ

el puerto

สวนสาธารณะ
el parque

ม้านั่ง
el banco

สะพาน
el puente

บันได
las escaleras

รถไฟใต้ดิน
el subte

อุโมงค์
el túnel

ป้ายรถเมล์
la parada del colectivo

บาร์
el bar

ร้านอาหาร
el restaurante

ตู้ไปรษณีย์
el buzón

ป้ายชื่อถนน
el letrero

มิเตอร์เก็บค่าจอดรถ
el parquímetro

สวนสัตว์
el zoológico

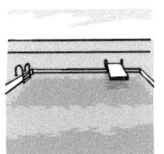
สระว่ายน้ำ
la pileta

สุเหร่า/มัสยิด
la mezquita

ฟาร์ม
la granja

มลพิษ
la contaminación

สุสาน
el cementerio

โบสถ์
la iglesia

สนามเด็กเล่น
los juegos infantiles

วัด
el templo

ภูมิประเทศ
el paisaje

ใบไม้
la hoja

ป้ายบอกทาง
el poste indicador

ทาง
el camino

ทุ่งหญ้า
la pradera

ก้อนหิน
la piedra

นักเดินทางไกลด้วยเท้า
el excursionista

ต้นไม้
el árbol

แม่น้ำ
el río

หญ้า
la hierba

ดอกไม้
la flor

หุบเขา

el valle

เนินเขา

la montaña

ทะเลสาบ

el lago

ป่า

el bosque

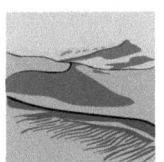

ทะเลทราย

el desierto

ภูเขาไฟ

el volcán

คฤหาสน์

el castillo

รุ้งกินน้ำ

el arco iris

เห็ด

el champiñón

ต้นปาล์ม

la palmera

ยุง

el mosquito

แมลงวัน

la mosca

มด

la hormiga

ผึ้ง

la abeja

แมงมุม

la araña

แมลงปีกแข็ง
el escarabajo

กบ
la rana

กระรอก
la ardilla

เม่น
el erizo

กระต่ายป่า
la liebre

นกฮูก
la lechuza

นก
el pájaro

หงส์
el cisne

หมูป่าตัวผู้
el jabalí

กวาง
el ciervo

กวางมูส
el alce

เขื่อน
la presa

กังหันลม
el aerogenerador

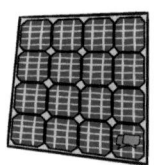

แผงโซล่าเซลล์
el panel solar

สภาพอากาศ
el clima

ร้านอาหาร

el restaurante

บริกรชาย
el mozo
รายการอาหาร
el menú
เก้าอี้
la silla
ซุป
la sopa
พิซซ่า
la pizza
ผ้าปูโต๊ะ
el mantel
เครื่องใช้บนโต๊ะอาหาร
los cubiertos

อาหารเรียกน้ำย่อย

la entrada

อาหารจานหลัก

el plato principal

ของหวาน

el postre

เครื่องดื่ม

las bebidas

อาหาร

la comida

ขวด

la botella

อาหารจานด่วน

la comida rápida

ร้านข้างถนน

la comida callejera

กาน้ำชา

la tetera

โถใส่น้ำตาล

la azucarera

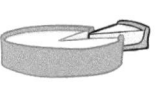

ส่วนแบ่งอาหารสำหรับหนึ่งคน

la porción

เครื่องชงกาแฟเอสเปรสโซ่

la cafetera expreso

เก้าอี้สูง

la sillita alta

ใบเสร็จ

la cuenta

ถาด

la bandeja

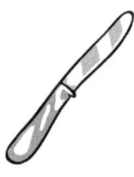

มีด

el cuchillo

ส้อม

el tenedor

ช้อน

la cuchara

ช้อนชา

la cucharita

ผ้าเช็ดปากบนโต๊ะอาหาร

la servilleta

แก้วน้ำ

el vaso

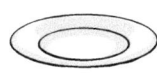

จาน
el plato

จานซุป
el plato hondo

จานรอง
el plato

ซอส
la salsa

กระปุกเกลือ
el salero

กระปุกบดพริกไทย
el molinillo de pimienta

น้ำส้มสายชู
el vinagre

น้ำมันที่ใช้ปรุงอาหาร
el aceite

เครื่องเทศ
las especias

ซอสมะเขือเทศ
el kétchup

มัสตาร์ด
la mostaza

มายองเนส
la mayonesa

ซูเปอร์มาร์เก็ต

el supermercado

ข้อเสนอพิเศษ
la oferta especial
ลูกค้า
el cliente
ผลิตภัณฑ์ที่ทำจากนม
los lácteos
ผลไม้
la fruta
รถเข็น
el changuito

ร้านขายเนื้อ

la carnicería

ร้านขายขนมปัง

la panadería

ชั่งน้ำหนัก

pesar

ผัก

las verduras

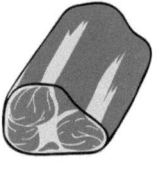

เนื้อ

la carne

อาหารแช่แข็ง

los alimentos congelados

อาหารเนื้อตัดเย็น

los fiambres

อาหารกระป๋อง

los alimentos enlatados

ผงซักฟอก

el detergente en polvo

ขนมหวาน/ลูกกวาด

las golosinas

ผลิตภัณฑ์ในครัวเรือน

los electrodomésticos

ผลิตภัณฑ์ทำความสะอาด

los productos de limpieza

พนักงานขายหญิง

la vendedora

เครื่องคิดเงิน

la caja

พนักงานจ่ายเงิน

el cajero

รายการซื้อของ

la lista de compras

เวลาเปิดทำการ

el horario de atención

กระเป๋าสตางค์

la billetera

บัตรเครดิต

la tarjeta de crédito

กระเป๋า

la cartera

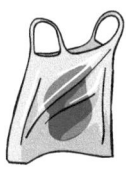

ถุงพลาสติก

la bolsa de plástico

เครื่องดื่ม

las bebidas

น้ำเปล่า

el agua

น้ำผลไม้

el jugo

นม

la leche

โค้ก

la bebida cola

ไวน์

el vino

เบียร์

la cerveza

แอลกอฮอล์

el alcohol

โกโก้

el cacao

ชา

el té

กาแฟ

el café

เอสเปรสโซ่

el café expreso

คาปูชิโน่

el cappuccino

อาหาร
la comida

กล้วย

la banana

แอปเปิ้ล

la manzana

ส้ม

la naranja

เมลอน

el melón

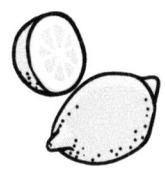

มะนาว

el limón

แครอท

la zanahoria

กระเทียม

el ajo

ต้นไผ่

el bambú

หัวหอม

la cebolla

เห็ด

el champiñón

ถั่ว

las nueces

ก๋วยเตี๋ยว

los fideos

สปาเก็ตตี
....
los tallarines

ข้าว
....
el arroz

สลัด
....
la ensalada

มันฝรั่งทอด
....
las papas fritas

มันฝรั่งทอด
....
las papas fritas

พิซซ่า
....
la pizza

แฮมเบอร์เกอร์
....
la hamburguesa

แซนด์วิช
....
el sándwich

ชิ้นเนื้อไร้กระดูก
....
el churrasco

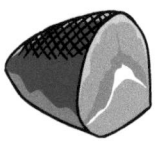

แฮม
....
el jamón

ไส้กรอกแห้งซาลามิ
....
el salame

ไส้กรอก
....
la salchicha

ไก่
....
el pollo

ย่าง/ปิ้ง
....
el asado

ปลา
....
el pescado

โจ๊กข้าวโอ๊ต

los copos de avena

ธัญพืชอบกรอบ

el muesli

คอร์นเฟล็ค

los copos de maíz

แป้งทำอาหาร

la harina

ครัวซองค์

la medialuna

ขนมปังสโคน

el pancito

ขนมปัง

el pan

ขนมปังปิ้ง

la tostada

บิสกิต

las galletitas

เนย

la manteca

นมข้น

la cuajada

เค้ก

la torta

ไข่

el huevo

ไข่ดาว

el huevo frito

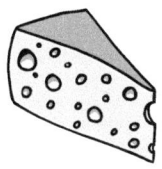

ชีส

el queso

ไอศกรีม

el helado

น้ำตาล

el azúcar

น้ำผึ้ง

la miel

แยม

la mermelada

ช็อกโกแลตครีมสเปรด

la pasta de chocolate

แกงกะหรี่

el curry

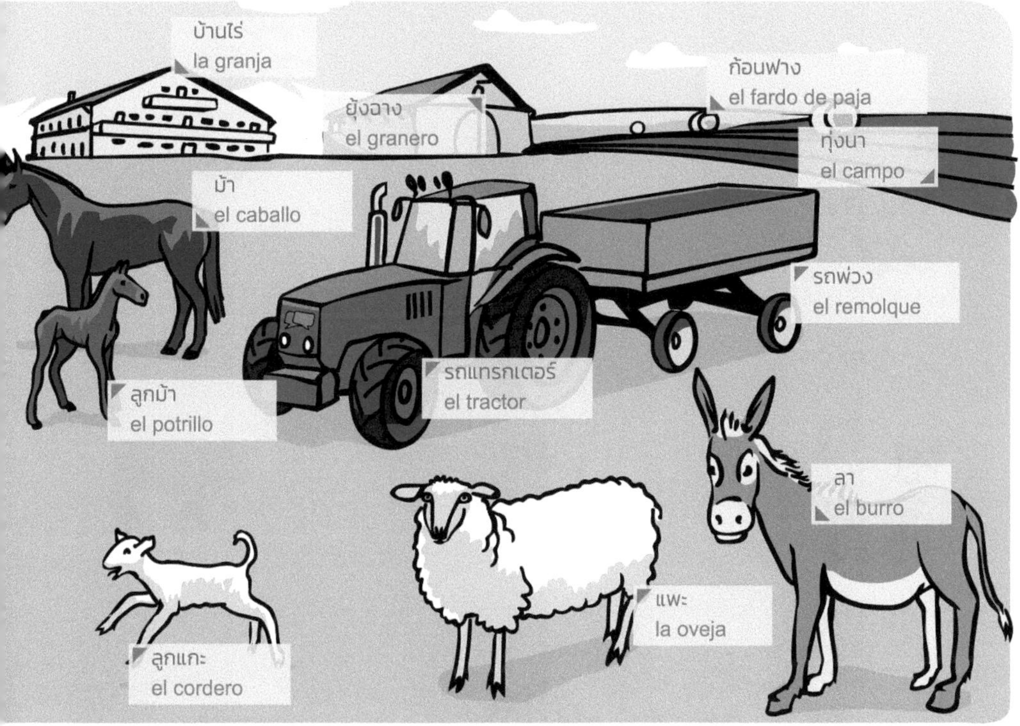

ฟาร์ม
la granja

ยุ้งฉาง
el granero
ก้อนฟาง
el fardo de paja
ทุ่งนา
el campo
ม้า
el caballo
รถพ่วง
el remolque
รถแทรกเตอร์
el tractor
ลูกม้า
el potrillo
ลา
el burro
ลูกแกะ
el cordero

แพะ
la cabra

วัวตัวเมีย
la vaca

ลูกวัว
el ternero

หมู
el cerdo

ลูกหมู
el lechón

วัวตัวผู้
el toro

ห่าน

el ganso

เป็ด

el pato

ลูกไก่

el pollo

แม่ไก่

la gallina

ไก่ตัวผู้

el gallo

หนู

la rata

แมว

el gato

หนู

el ratón

วัวตัวผู้สำหรับใช้แรงงานในฟาร์ม

el buey

สุนัข

el perro

บ้านสุนัข

la cucha

สายยางที่ใช้ในสวน

la manguera

บัวรดน้ำต้นไม้

la regadera

เคียวด้ามยาว

la guadaña

คันไถ

el arado

เคียว

la hoz

จอบ

la azada

คราด

la horquilla

ค้อน

el hacha

รถเข็นล้อเดียว

la carretilla

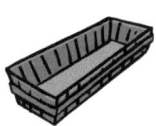

รางน้ำ

el abrevadero

ถังใส่นม

la lechera

กระสอบ

la bolsa

รั้ว

la reja

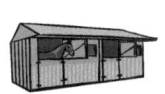

คอกม้า

el establo

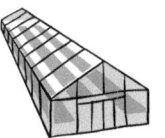

เรือนกระจก

el invernadero

ดิน

el suelo

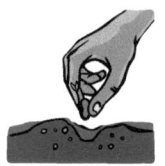

เมล็ดพืช

la semilla

ปุ๋ย

el fertilizador

เครื่องเกี่ยวนวดข้าว

la cosechadora

เก็บเกี่ยว

cosechar

การเก็บเกี่ยว

la cosecha

มันเทศ

las batatas

ข้าวสาลี

el trigo

ถั่วเหลือง

la soja

มันฝรั่ง

la papa

ข้าวโพด

el maíz

ดอกเรพซีด

la semilla de colza

ต้นไม้ที่ออกผล

el árbol frutal

มันสำปะหลัง

la mandioca

ธัญพืช

los cereales

บ้าน
la casa

ปล่องไฟ
la chimenea
หลังคา
el techo
รางน้ำฝน
el caño de desagüe
หน้าต่าง
la ventana
โรงรถ
el garaje
กริ่งหน้าประตู
el timbre
ประตู
la puerta
ถังขยะ
el tacho de basura
กล่องจดหมาย
el buzón
สวน
el jardín

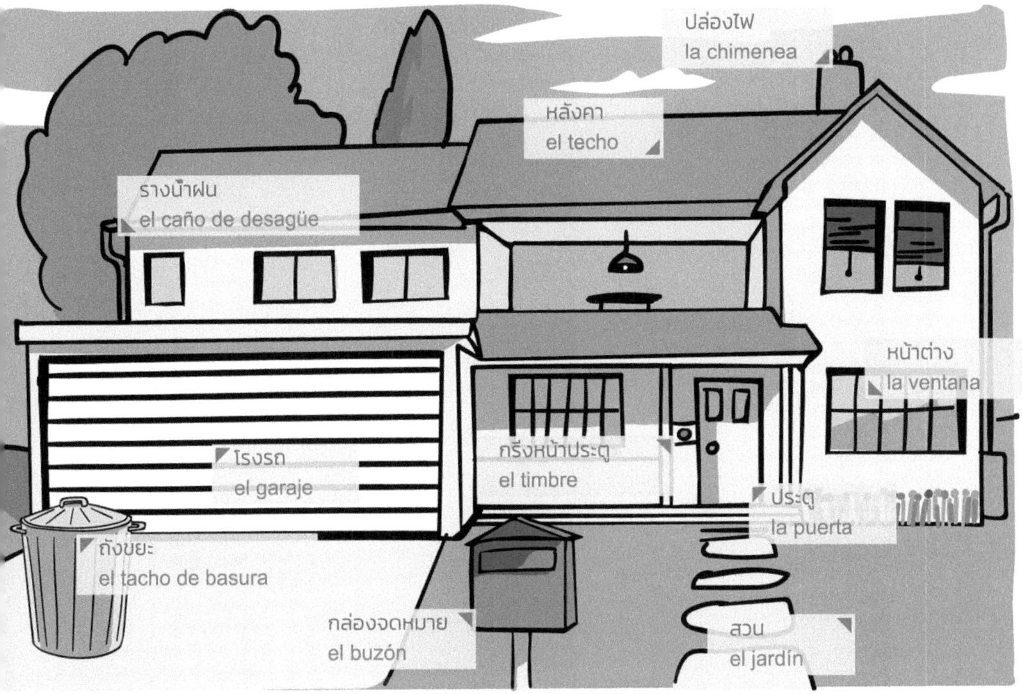

ห้องนั่งเล่น

el living

ห้องน้ำ

el baño

ห้องครัว

la cocina

ห้องนอน

el dormitorio

ห้องพักสำหรับเด็ก

el cuarto de los chicos

ห้องอาหาร

el comedor

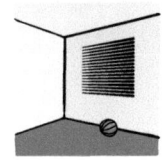

พื้น

el piso

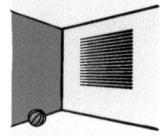

ผนัง

la pared

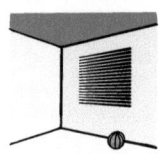

เพดาน

el cielorraso

ห้องเก็บของใต้ดิน

el sótano

ซาวน่า

el sauna

ระเบียง

el balcón

ลานตะพักลำน้ำ

la terraza

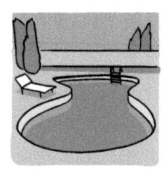

สระว่ายน้ำ

la pileta

เครื่องตัดหญ้า

la cortadora de pasto

ผ้าปูที่นอน

la sábana

ผ้าคลุมเตียง

el acolchado

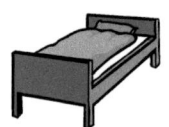

เตียง

la cama

ไม้กวาด

la escoba

ถังน้ำ

el balde

สวิตซ์

el interruptor

ห้องนั่งเล่น
el living

วอลเปเปอร์
el empapelado
ภาพ
la imagen
โคมไฟ
la lámpara
ชั้นวาง
el estante
ตู้
el armario
โทรทัศน์
la televisión
เตาผิง
la chimenea
ดอกไม้
la flor
เบาะ
el almohadón
โซฟา
el sofá
el florero
รีโมทคอนโทรล
el control remoto

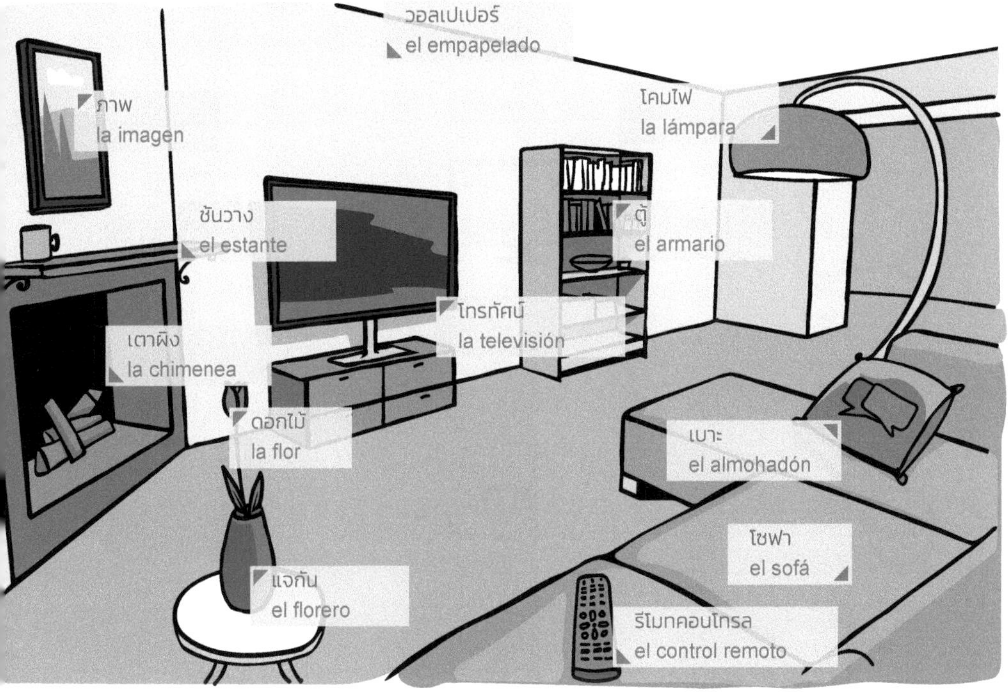

พรมเช็ดเท้า

la alfombra

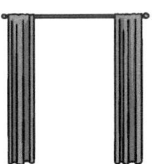

ผ้าม่าน

la cortina

โต๊ะ

la mesa

เก้าอี้

la silla

เก้าอี้โยก

la mecedora

เก้าอี้ที่มีที่วางแขน

el sillón

หนังสือ
el libro

ผ้าห่ม
la frazada

ของตกแต่ง
la decoración

ฟืน
la leña

ภาพยนตร์
la película

เครื่องเสียงระบบไฮไฟ
el equipo de música

กุญแจ
la llave

หนังสือพิมพ์
el diario

จิตรกรรม
la pintura

โปสเตอร์
el póster

วิทยุ
la radio

สมุด
el cuaderno

เครื่องดูดฝุ่น
la aspiradora

ตะบองเพชร
el cactus

เทียนไข
la vela

la cocina

ตู้เย็น
la heladera
ไมโครเวฟ
el microondas
เครื่องชั่งน้ำหนักอาหาร
la balanza de cocina
เครื่องปิ้งขนมปัง
la tostadora
ผงซักฟอก
el detergente
เตาอบ
el horno
ช่องแข็งในตู้เย็น
el freezer
ถังขยะ
el tacho de basura
เครื่องล้างจาน
el lavaplatos

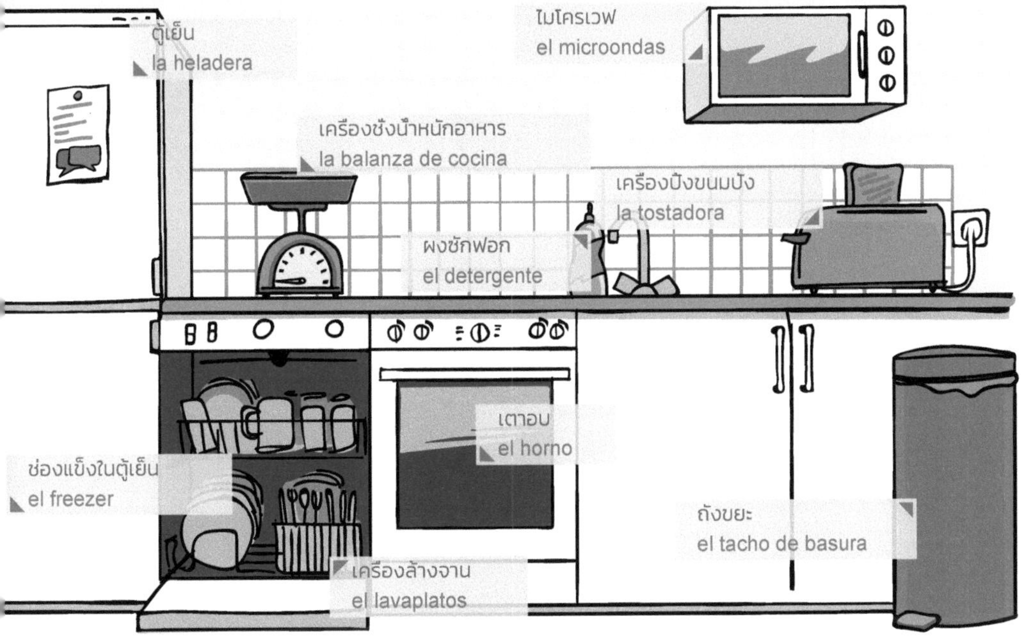

เตาปรุงอาหาร

la cocina

หม้อ

la olla

หม้อเหล็กหล่อ

la olla de hierro fundido

กระทะจีน

el wok

กระทะ

la sartén

กาต้มน้ำ

la pava

หม้อไอน้ำ

la vaporera

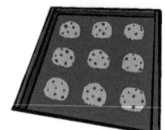

ถาดอบ

la bandeja de horno

เครื่องถ้วยชาม

la vajilla

เหยือก

la taza

ชาม

el bol

ตะเกียบ

los palitos

ทัพพีด้ามยาว

el cucharón

ตะหลิว

la espátula

ที่ตีไข่

la batidora

ที่กรอง

el colador

กระชอน

el colador

ที่ขูด

el rallador

ครก

el mortero

บาร์บีคิว

la parrilla

แคมป์ไฟถาวร

la fogata

เขียง

la tabla de picar

ไม้นวดแป้ง

el palo de amasar

สว่านเปิดจุกขวด

el sacacorchos

กระป๋อง

la lata

ทีเปิดกระป๋อง

el abrelatas

ถุงมือจับของร้อน

la manopla

อ่างล้างจาน

la pileta

แปรง

el cepillo

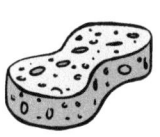

ฟองน้ำ

la esponja

เครื่องปั่น

la batidora

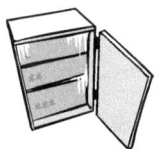

ตู้แช่แข็ง

el congelador

ขวดนม

la mamadera

ก๊อกน้ำ

la canilla

ห้องน้ำ

el baño

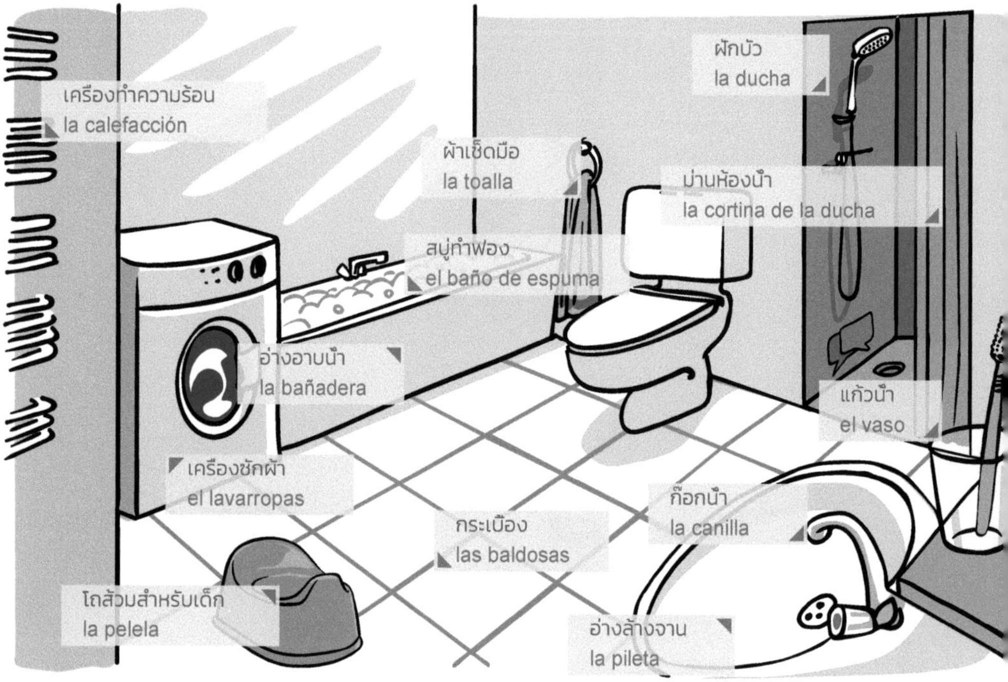

เครื่องทำความร้อน
la calefacción

ฝักบัว
la ducha

ผ้าเช็ดมือ
la toalla

ม่านห้องน้ำ
la cortina de la ducha

สบู่ทำฟอง
el baño de espuma

อ่างอาบน้ำ
la bañadera

แก้วน้ำ
el vaso

เครื่องซักผ้า
el lavarropas

ก๊อกน้ำ
la canilla

กระเบื้อง
las baldosas

โถส้วมสำหรับเด็ก
la pelela

อ่างล้างจาน
la pileta

ห้องส้วม

el inodoro

ส้วมนั่งยอง

la letrina

โถปัสสาวะหญิง

el bidé

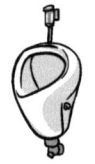

โถปัสสาวะชาย

el mingitorio

กระดาษชำระสำหรับใช้ในห้องน้ำ

el papel higiénico

แปรงขัดห้องน้ำ

el cepillo para el inodoro

แปรงสีฟัน

el cepillo de dientes

ยาสีฟัน

el dentífrico

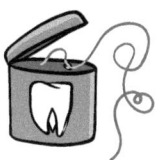

ไหมขัดฟัน

el hilo dental

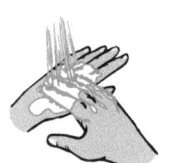

ล้าง

lavar

ฝักบัวมือ

la ducha de mano

สายฉีดชำระ

la ducha higiénica

อ่างล้างหน้า

la palangana

แปรงถูหลัง

el cepillo para la espalda

สบู่

el jabón

เจลอาบน้ำ

el gel de ducha

แชมพู

el shampoo

ผ้าสักหลาด

la toallita

ท่อระบายน้ำทิ้ง

el desagüe

ครีม

la crema

ผลิตภัณฑ์ระงับกลิ่นตัว

el desodorante

กระจก

el espejo

กระจกถือ

el espejito

ที่โกนหนวด

la maquinita de afeitar

โฟมโกนหนวด

la espuma de afeitar

โลชั่นบำรุงผิวหลังโกนหนวด

el aftershave

หวี

el peine

แปรง

el cepillo

ไดร์เป่าผม

el secador de pelo

สเปรย์ฉีดผม

el spray

ชุดเครื่องสำอาง

el maquillaje

ลิปสติก

el lápiz de labios

น้ำยาทาเล็บ

el esmalte para uñas

สำลี

el algodón

กรรไกรตัดเล็บ

la tijera para uñas

น้ำหอม

el perfume

กระเป๋าอาบน้ำ

el portacosméticos

เก้าอี้สามขา

la banqueta

เครื่องชั่งน้ำหนัก

la balanza

เสื้อคลุมอาบน้ำ

la bata

ถุงมือยาง

los guantes de goma

ผ้าอนามัยแบบสอด

el tampón

ผ้าอนามัย

la toallita femenina

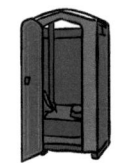

ส้วมเคมี

el baño químico

ห้องพักสำหรับเด็ก

el cuarto de los chicos

el despertador
ของเล่นน่ารักน่ากอด
el peluche
รถยนต์ของเล่น
el coche de juguete
ของเล่นประเภทเขย่าแล้วมีเสียง
el sonajero
บ้านตุ๊กตา
la casa de muñecas
ของขวัญ
el regalo

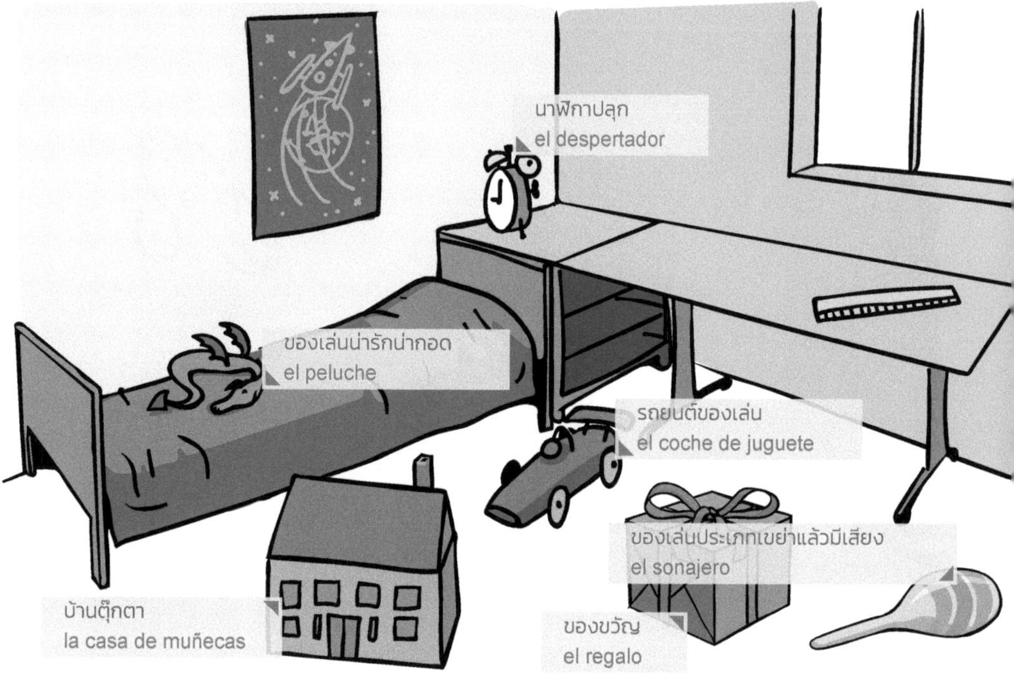

ลูกโป่ง

el globo

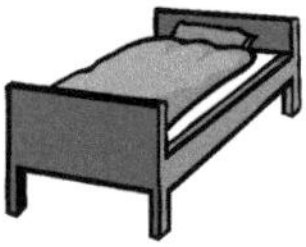

เตียง

la cama

รถเข็นเด็ก

el cochecito

สำรับไพ่

las cartas

จิ๊กซอว์

el rompecabezas

หนังสือการ์ตูน

la historieta

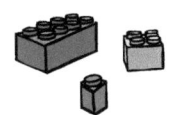

ตัวต่อเลโก้

las piezas de lego

บล็อกของเล่น

los ladrillos de juguete

ฟิกเกอร์แบบขยับท่าทางได้

la figura de acción

เสื้อผ้าทารก

el enterito (de bebé)

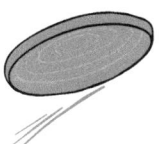

จานร่อน

el frisbee

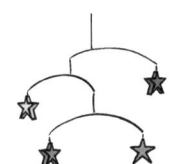

โมบายแขวนหัวเตียงเด็ก

el móvil para bebés

เกมกระดาน

el juego de mesa

ลูกเต๋า

los dados

ชุดรถไฟจำลอง

el tren eléctrico

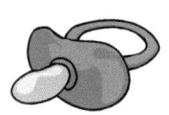

หุ่น

el chupete

ปาร์ตี้

la fiesta

หนังสือภาพ

el libro de cuentos ilustrado

ลูกบอล

la pelota

ตุ๊กตา

la muñeca

เล่น

jugar

หลุมทราย
el arenero

ชิงช้า
la hamaca

ของเล่น
los juguetes

เครื่องเล่นวิดีโอเกม
la consola de videojuegos

รถจักรยานสามล้อ
el triciclo

ตุ๊กตาหมี
el osito de peluche

ตู้เสื้อผ้า
el armario

เสื้อผ้า
la ropa

ถุงเท้า
las medias

ถุงน่อง
las medias panty

กางเกงรัดรูป
las calzas

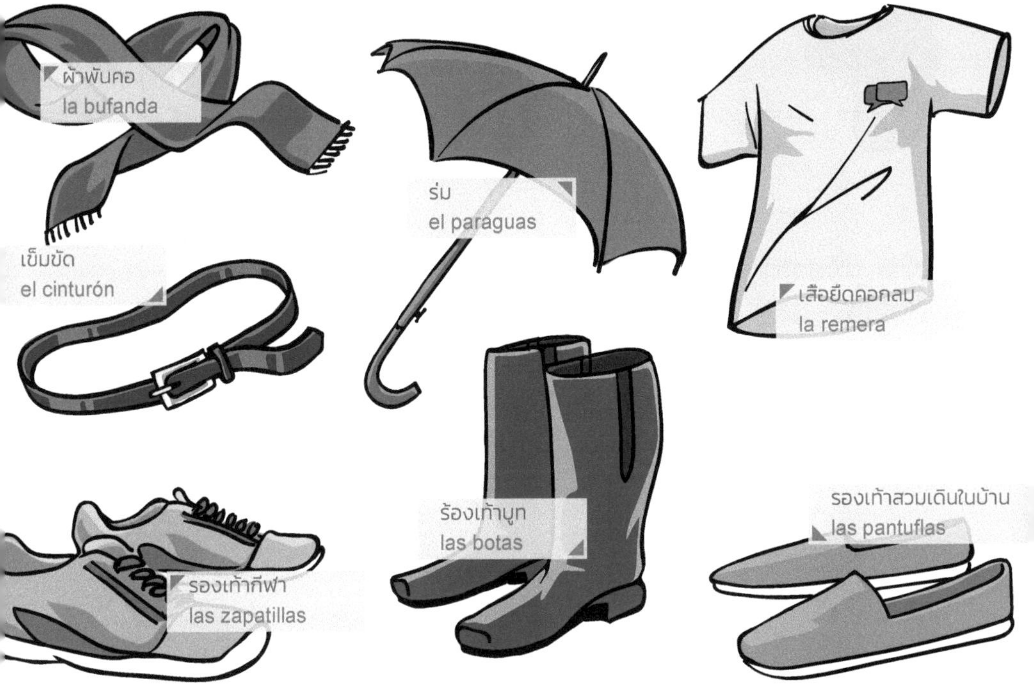

ผ้าพันคอ
la bufanda

ร่ม
el paraguas

เสื้อยืดคอกลม
la remera

เข็มขัด
el cinturón

ร้องเท้าบูท
las botas

รองเท้าสวมเดินในบ้าน
las pantuflas

รองเท้ากีฬา
las zapatillas

รองเท้าแตะ
las sandalias

รองเท้า
los zapatos

ร้องเท้าบูทยาง
las botas de goma

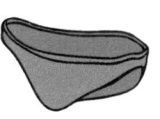

กางเกงชั้นใน
la ropa interior

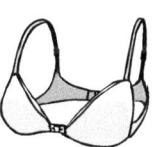

ยกทรง
el corpiño

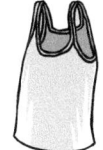

เสื้อกล้าม
el chaleco

เสื้อรัดรูป

el body

กางเกงขายาว

los pantalones

กางเกงยีน

los jeans

กระโปรง

la pollera

เสื้อเชิ้ตสตรี

la blusa

เสื้อเชิ้ต

la camisa

เสื้อกันหนาว

el pulóver

เสื้อคลุมมีหมวก

el buzo

เสื้อเบลเซอร์

el blazer

เสื้อแจ็กเก็ต

la campera

เสื้อโค้ท

el tapado

เสื้อกันฝน

el piloto

เครื่องแต่งกาย

el traje

ชุดเดรส

el vestido

ชุดแต่งงาน

el vestido de novia

เสื้อสูท

el traje

ชุดราตรี

el camisón

ชุดนอน

el pijama

ผ้าส่าหรี

el sari

ฮิญาบ

el pañuelo para la cabeza

ผ้าโพกศรีษะ

el turbante

เสื้อบุรฺเกาะ

la burka

เสื้อคลุมคาฟตาน

el caftán

เสื้อคลุมอบายะห์

la abaya

ชุดว่ายน้ำ

el traje de baño

กางเกงว่ายน้ำ

el short de baño

กางเกงขาสั้น

los shorts

ชุดวอร์ม

el jogging

ผ้ากันเปื้อน

el delantal

ถุงมือ

los guantes

กระดุม

el botón

แว่นตา

los anteojos

กำไลข้อมือ

la pulsera

สร้อยคอ

el collar

แหวน

el anillo

ต่างหู

el aro

หมวกแก๊ป

la gorra

ทีแขวนเสือโค้ท

la percha

หมวกปีกกว้าง

el sombrero

เนคไท

la corbata

ซิป

el cierre

หมวกกันน็อก

el casco

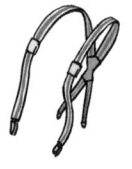

สายโยงกางเกง

los tiradores

ชุดนักเรียน

el uniforme escolar

เครืองแบบ

el uniforme

ผ้ากันเปื้อนเด็ก

el babero

หุ่น

el chupete

ผ้าอ้อม

el pañal

สำนักงาน
la oficina

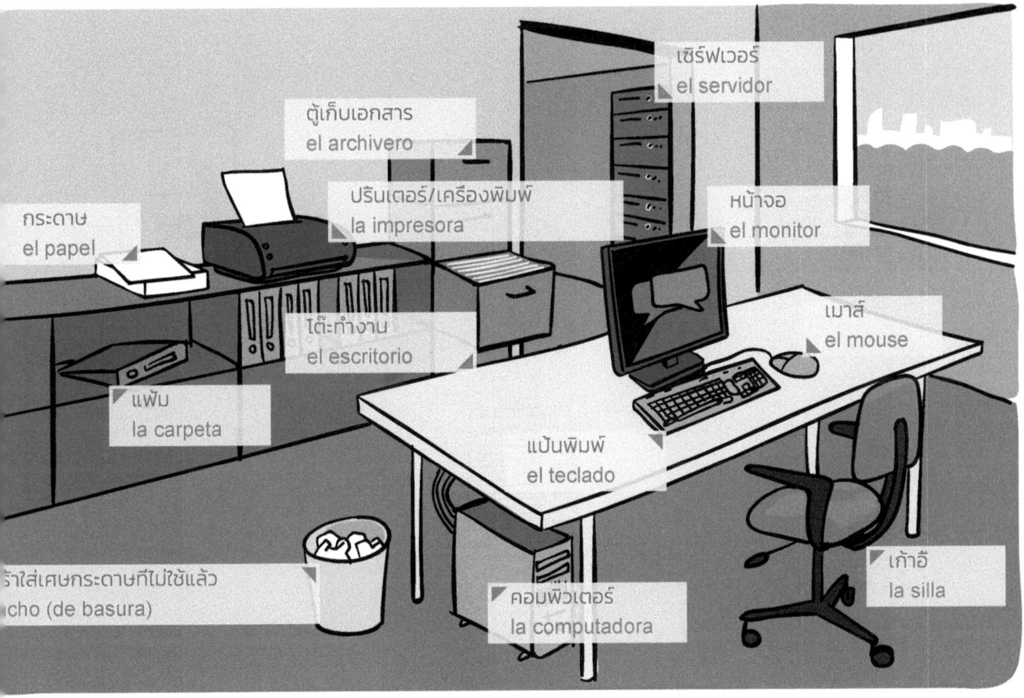

เซิร์ฟเวอร์
el servidor
ตู้เก็บเอกสาร
el archivero
ปรินเตอร์/เครื่องพิมพ์
la impresora
กระดาษ
el papel
หน้าจอ
el monitor
เมาส์
el mouse
โต๊ะทำงาน
el escritorio
แฟ้ม
la carpeta
แป้นพิมพ์
el teclado
ร้าใส่เศษกระดาษที่ไม่ใช้แล้ว
cho (de basura)
คอมพิวเตอร์
la computadora
เก้าอี้
la silla

แก้วมัคใส่กาแฟ

la taza de café

เครื่องคิดเลข

la calculadora

อินเตอร์เน็ต

el internet

คอมพิวเตอร์แบบพกพา

la laptop

จดหมาย

la carta

ข้อความ

el mensaje

โทรศัพท์มือถือ

el celular

เครือข่าย

la red

เครื่องถ่ายเอกสาร

la fotocopiadora

ซอฟต์แวร์

el software

โทรศัพท์

el teléfono

ปลั๊กตัวเมีย/เต้าเสียบ

el tomacorriente

เครื่องแฟกซ์

el fax

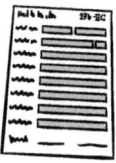

แบบฟอร์ม

el formulario

เอกสาร

el documento

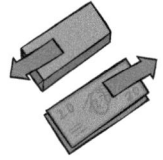

ซื้อ

comprar

จ่าย

pagar

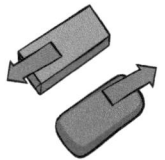

แลกเปลี่ยน

hacer negocios

เงิน

el dinero

USD

ดอลลาร์

el dólar

EUR

ยูโร

el euro

JPY

เยน

el yen

RUB

รูเบิล

el rublo

CHF

ฟรังก์สวิส

el franco suizo

CNY

หยวนเหรินหมินปี้

el yuan

INR

รูปี

la rupia

เครื่องสำหรับกดเงินสดจากธนาคาร

el cajero automático

สำนักงานแลกเปลี่ยนเงินตรา

la casa de cambio

ทอง

el oro

เงิน

la plata

น้ำมัน

el petróleo

พลังงาน

la energía

ราคา

el precio

สัญญา

el contrato

ภาษี

el impuesto

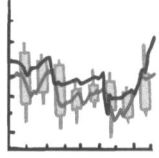

หุ้น

la acción

ทำงาน

trabajar

ลูกจ้าง

el empleado

นายจ้าง

el empleador

โรงงาน

la fábrica

ร้านค้า

el negocio

อาชีพ

las ocupaciones

เจ้าหน้าที่ตำรวจ
el policía

พนักงานดับเพลิง
el bombero

พ่อครัว
el cocinero

หมอ
el médico

นักบิน
el piloto

ชาวสวน
el jardinero

ช่างไม้
el carpintero

ช่างเย็บผ้าที่เป็นผู้หญิง
la modista

ผู้พิพากษา
el juez

นักเคมี
el farmacéutico

นักแสดงชาย
el actor

อาชีพ - las ocupaciones　　53

คนขับรถประจำทาง

el colectivero

คนขับรถแท็กซี่

el taxista

ชาวประมง

el pescador

แม่บ้านทำความสะอาด

la mucama

ช่างมุงหลังคา

el techista

บริกรชาย

el mozo

นายพราน

el cazador

จิตรกร

el pintor

คนทำขนมปัง

el panadero

ช่างไฟฟ้า

el electricista

ช่างก่อสร้าง

el albañil

วิศวกร

el ingeniero

คนขายเนื้อ

el carnicero

ช่างประปา

el plomero

บุรุษไปรษณีย์

el cartero

ทหาร

el soldado

สถาปนิก

el arquitecto

พนักงานจ่ายเงิน

el cajero

คนขายดอกไม้

el florista

ช่างทำผม

el peluquero

พนักงานตรวจตั๋ว

el cobrador

ช่างซ่อมรถยนต์

el mecánico

กัปตัน

el capitán

ทันตแพทย์

el dentista

นักวิทยาศาสตร์

el científico

แรบไบ

el rabino

อิหม่าม

el imán

พระ

el monje

พระ/นักบวช

el sacerdote

เครื่องมือ
las herramientas

คีม
la tenaza
ค้อน
el martillo
ไขควง
el destornillador
ไฟฉาย
la linterna
ประแจ
la llave

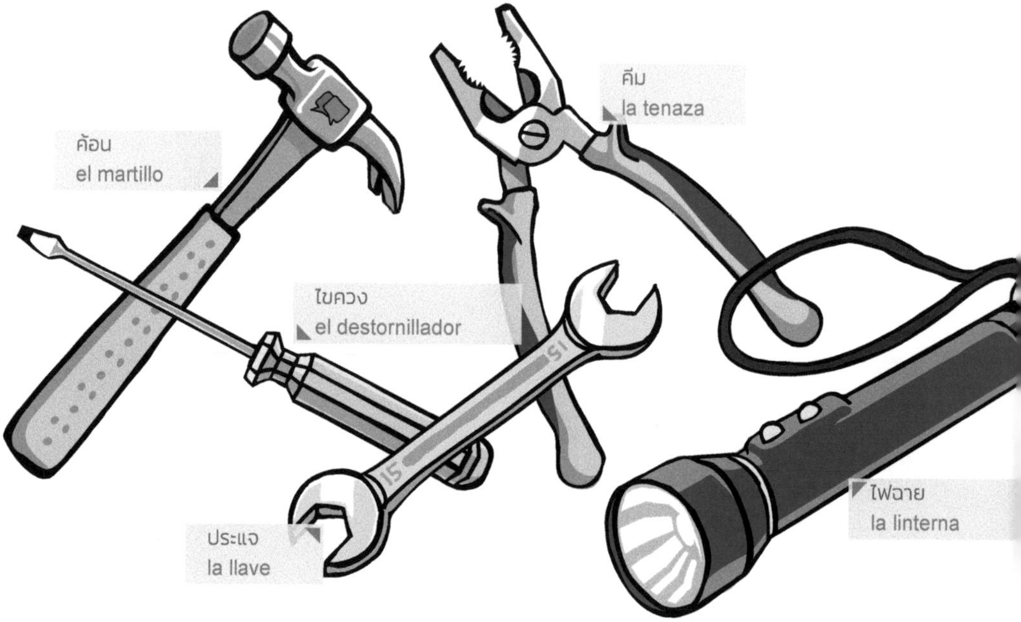

เครื่องขุด

la excavadora

กล่องเครื่องมือ

la caja de herramientas

กระได

la escalera portátil

เลื่อย

la sierra

ตะปู

los clavos

สว่าน

el taladro

ซ่อมแซม
arreglar

พลั่ว
la pala de jardín

ตายห่า!
¡Qué bronca!

ที่โกยขยะ
la pala de plástico

ถังสี
el tacho de pintura

สกรู
los tornillos

เครื่องดนตรี
los instrumentos musicales

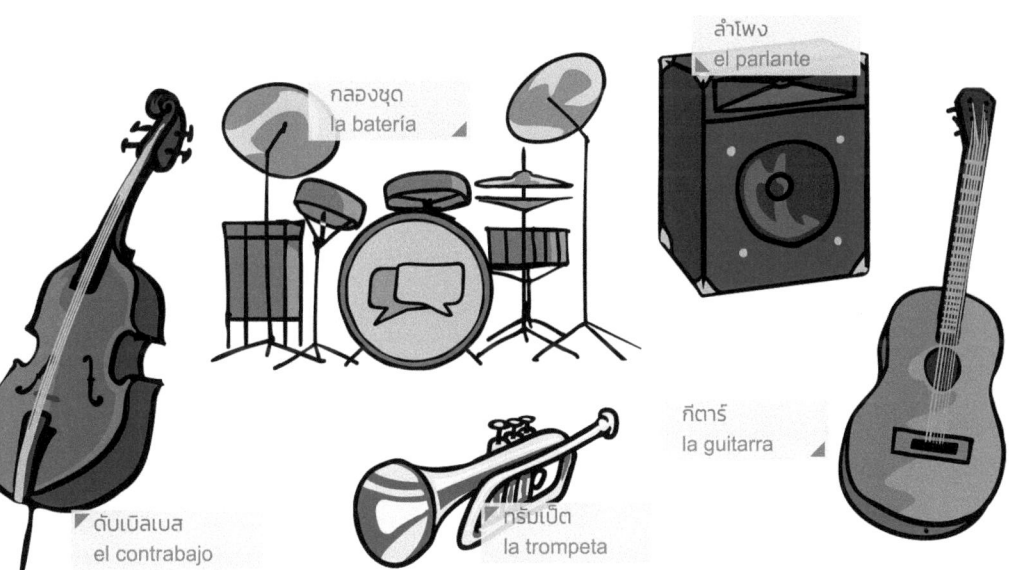

ลำโพง
el parlante

กลองชุด
la batería

กีตาร์
la guitarra

ดับเบิลเบส
el contrabajo

ทรัมเป็ต
la trompeta

เปียโน

el piano

ไวโอลิน

el violín

เบส

el bajo

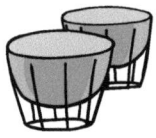

กลองทิมปานี

los timbales

กลอง

el tambor

คีย์บอร์ด

el teclado

แซ็กโซโฟน

el saxofón

ฟลูต

la flauta

ไมโครโฟน

el micrófono

เสือ
el tigre

ทางเข้า
la entrada

กรง
la jaula

ม้าลาย
la cebra

อาหารสัตว์
el alimento para animales

หมีแพนด้า
el oso panda

สัตว์

los animales

ช้าง

el elefante

จิงโจ้

el canguro

แรด

el rinoceronte

กอริลล่า

el gorila

หมี

el oso

อูฐ

el camello

นกกระจอกเทศ

el avestruz

สิงโต

el león

ลิง

el mono

นกฟลามิงโก

el flamenco

นกแก้ว

el loro

หมีขั้วโลก

el oso polar

เพนกวิน

el pingüino

ฉลาม

el tiburón

นกยูง

el pavo real

งู

la serpiente

จระเข้

el cocodrilo

ผู้ดูแลสัตว์

el cuidador del zoológico

แมวน้ำ

la foca

เสือจากัวร์

el jaguar

ม้าพันธุ์เล็ก

el poni

เสือดาว

el leopardo

ฮิปโป

el hipopótamo

ยีราฟ

la jirafa

เหยี่ยว

el águila

หมูป่าตัวผู้

el jabalí

ปลา

el pescado

เต่า

la tortuga

ช้างน้ำ

la morsa

จิ้งจอก

el zorro

กาเซลล์

la gacela

กีฬา

los deportes

อเมริกันฟุตบอล
el fútbol americano

ขี่จักรยาน
el ciclismo

เทนนิส
el tenis

บาสเกตบอล
el básquet

ว่ายน้ำ
la natación

มวย
el boxeo

ฮอคกี้น้ำแข็ง
el hockey sobre hielo

ฟุตบอล
el fútbol

แบดมินตัน
el bádminton

กรีฑา
el atletismo

แฮนด์บอล
el handball

สกี
el esquí

กีฬาโปโลน้ำ
el polo

62

กิจกรรม
las actividades

กระโดด
saltar
กอด
abrazar
หัวเราะ
reír
เดิน
caminar
ร้องเพลง
cantar
ฝัน
soñar
ภาวนา/สวดมนต์
rezar
จูบ
besar

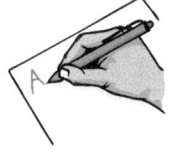

เขียน

escribir

วาดภาพ

dibujar

แสดง

mostrar

ผลัก

presionar

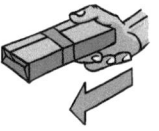

ให้

dar

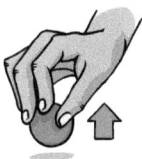

เอาไป

tomar

มี

tener

ทำ

hacer

เป็น

ser

ยืน

estar parado

วิ่ง

correr

ดึง

tirar

โยน

tirar

ตก/หล่น

caer

นอนเหยียดยาว

estar acostado

รอคอย

esperar

ถือ

llevar

นั่ง

estar sentado

แต่งตัว

vestirse

นอนหลับ

dormir

ตื่น

despertar

มองดู

mirar

ร้องไห้

llorar

ลูบ

acariciar

หวีผม

peinar

พูดคุย

hablar

เข้าใจ

entender

ถาม

preguntar

ฟัง

escuchar

ดื่ม

beber

กิน

comer

จัดให้เป็นระเบียบ

ordenar

รัก

amar

ทำอาหาร

cocinar

ขับรถ

manejar

บิน

volar

ล่องเรือ

navegar

คำนวณ

calcular

อ่าน

leer

เรียนรู้

aprender

ทำงาน

trabajar

แต่งงาน

casarse

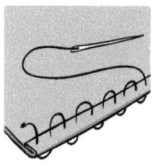

เย็บ

coser

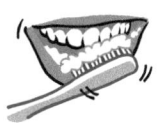

แปรงฟัน

cepillarse los dientes

ฆ่า

matar

สูบบุหรี่

fumar

ส่ง

enviar

ครอบครัว
la familia

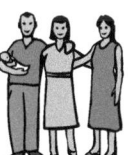

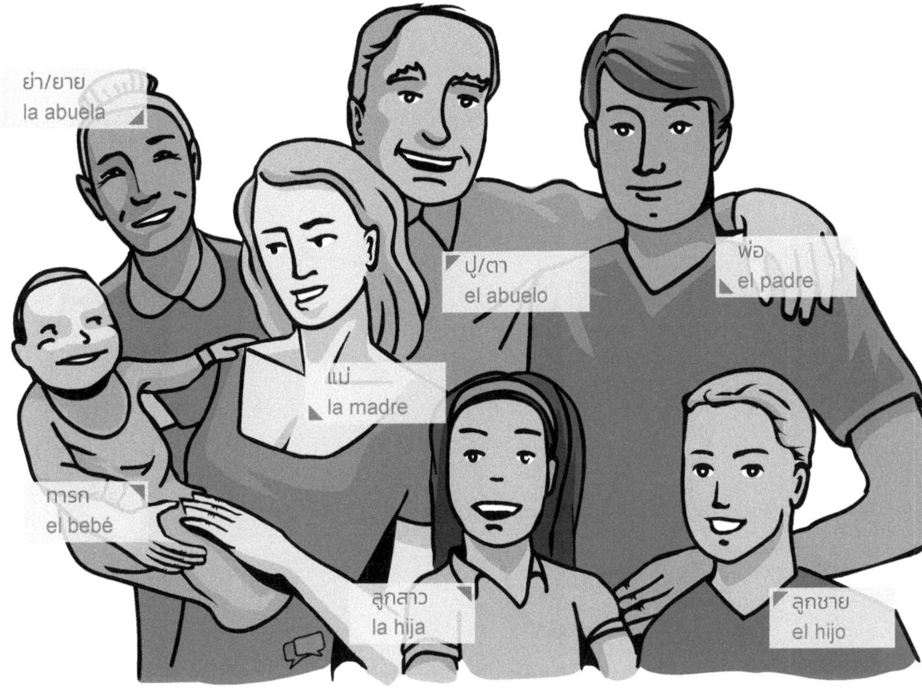
ย่า/ยาย
la abuela
ปู่/ตา
el abuelo
พ่อ
el padre
แม่
la madre
ทารก
el bebé
ลูกสาว
la hija
ลูกชาย
el hijo

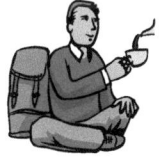

แขก

el invitado

ป้า

la tía

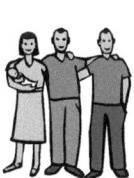

ลุง

el tío

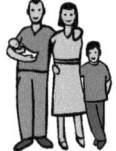

พี่ชาย/น้องชาย

el hermano

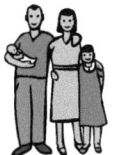

พี่สาว/น้องสาว

la hermana

ร่างกาย

el cuerpo

หน้าผาก
la frente
ตา
el ojo
ไหล่
el hombro
นิ้วมือ
el dedo
ใบหน้า
la cara
la pera
มือ
la mano
ขา
la pierna
หน้าอก
el pecho
แขน
el brazo

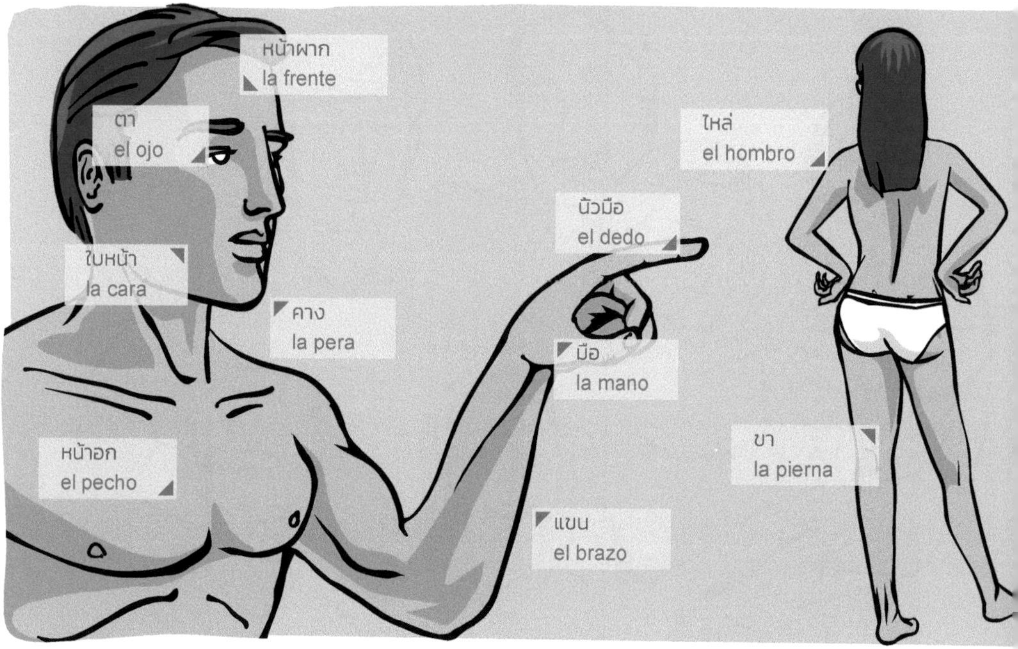

ทารก

el bebé

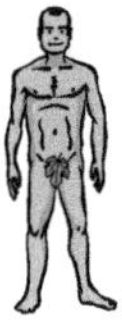

ผู้ชาย

el hombre

ผู้หญิง

la mujer

เด็กผู้หญิง

la nena

เด็กผู้ชาย

el nene

ศีรษะ

la cabeza

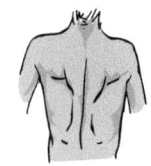

หลัง

la espalda

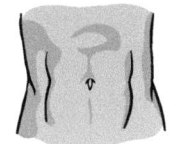

ท้อง

la panza

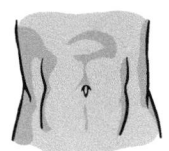

สะดือ

el ombligo

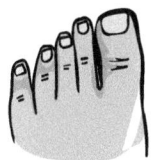

นิ้วเท้า

el dedo del pie

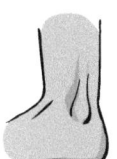

ส้นเท้า

el talón

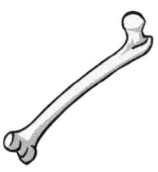

กระดูก

el hueso

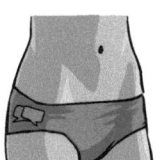

สะโพก

la cadera

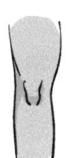

หัวเข่า

la rodilla

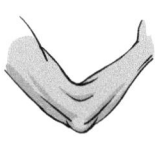

ข้อศอก

el codo

จมูก

la nariz

ก้น

la cola

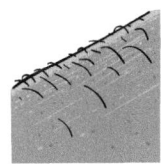

ผิวหนัง

la piel

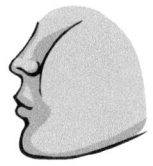

แก้ม

el cachete

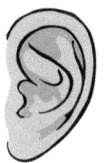

หู

la oreja

ริมฝีปาก

el labio

ปาก

la boca

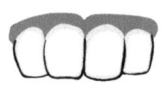

ฟัน

el diente

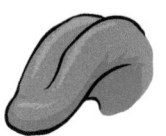

ลิ้น

la lengua

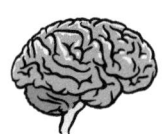

สมอง

el cerebro

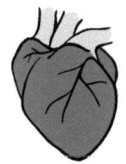

หัวใจ

el corazón

กล้ามเนื้อ

el músculo

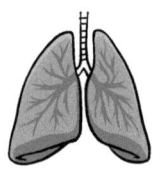

ปอด

el pulmón

ตับ

el hígado

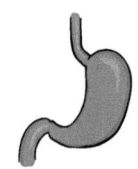

กระเพาะ

el estómago

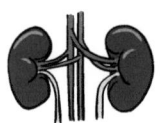

ไต

los riñones

เพศสัมพันธ์

el sexo

ถุงยาง

el preservativo

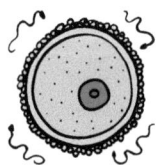

เซลล์ไข่

el óvulo

น้ำอสุจิ

el semen

การตั้งครรภ์

el embarazo

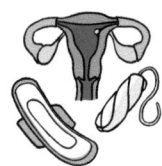		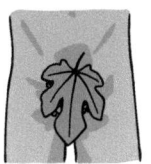
ประจำเดือน	ช่องคลอด	องคชาต
la menstruación	la vagina	el pene
		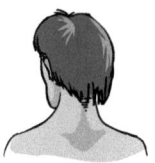
คิ้ว	เส้นผม	คอ
la ceja	el pelo	el cuello

โรงพยาบาล
el hospital

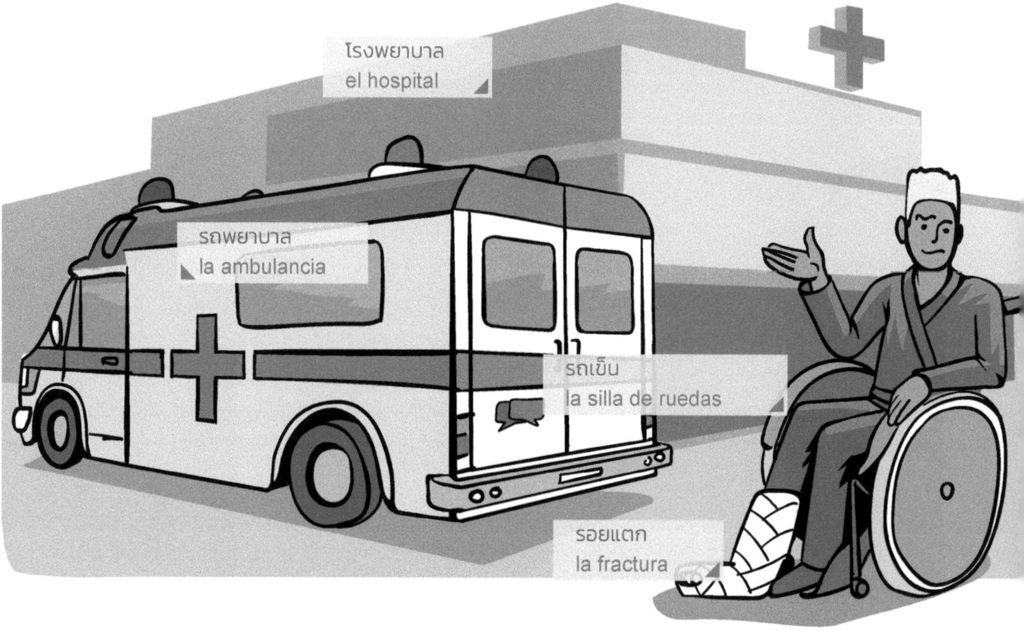

โรงพยาบาล
el hospital

รถพยาบาล
la ambulancia

รถเข็น
la silla de ruedas

รอยแตก
la fractura

หมอ

el médico

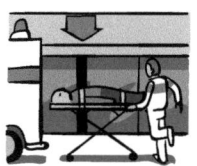

ห้องฉุกเฉิน

la sala de guardia

พยาบาล

la enfermera

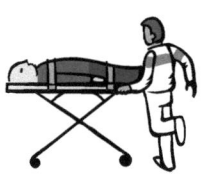

ฉุกเฉิน

la emergencia

หมดสติ

inconsciente

อาการเจ็บปวด

el dolor

การบาดเจ็บ

la lesión

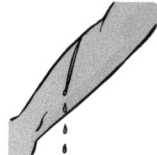

เลือดไหล

la hemorragia

หัวใจวาย

el infarto

โรคหลอดเลือดในสมอง

el ACV

โรคภูมิแพ้

la alergia

ไอ

la tos

ไข้

la fiebre

ไข้หวัด

la gripe

ท้องเสีย

la diarrea

การปวดหัว

el dolor de cabeza

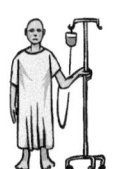

มะเร็ง

el cáncer

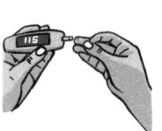

โรคเบาหวาน

la diabetes

ศัลยแพทย์

el cirujano

มีดผ่าตัด

el bisturí

การผ่าตัด

la operación

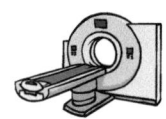

เครื่องเอกซเรย์คอมพิวเตอร์ควา
มเร็วสูง
la TC

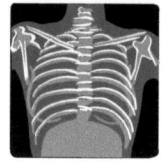

เอกซเรย์
los rayos x

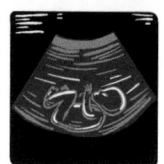

อัลตราซาวด์
la ecografía

หน้ากากอนามัย
el barbijo

โรค
la enfermedad

ห้องรอตรวจ
la sala de espera

ไม้เท้า
la muleta

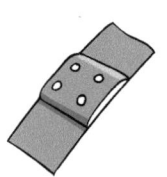

ปลาสเตอร์ยา
la curita

ผ้าพันแผล
la venda

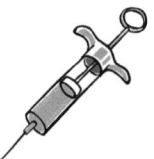

ฉีดยา
la inyección

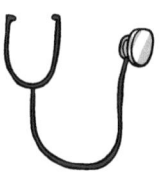

เครื่องฟังตรวจ
el estetoscopio

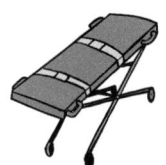

เปลหาม
la camilla

ปรอทวัดไข้
el termómetro

การเกิด
el nacimiento

น้ำหนักเกิน
el sobrepeso

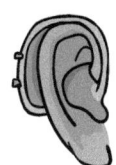

เครื่องช่วยฟัง

el audífono

สารฆ่าเชื้อ

el desinfectante

การติดเชื้อ

la infección

ไวรัส

el virus

เอชไอวี/เอดส์

el VIH / SIDA

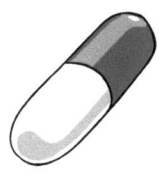

ยา

el remedio

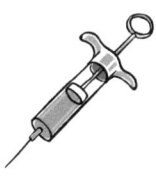

การฉีดวัคซีน

la vacunación

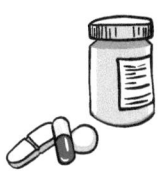

ยาเม็ด

los comprimidos

ยาเม็ดกลม

la pastilla anticonceptiva

โทรออกฉุกเฉิน

a llamada de emergencia

เครื่องวัดความดันโลหิต

el tensiómetro

ป่วย/ สุขภาพดี

enfermo / sano

ฉุกเฉิน

la emergencia

ช่วยด้วย!

¡Ayuda!

สัญญาณเตือนภัย

la alarma

การทำร้าย

la agresión

การโจมตี

el ataque

อันตราย

el peligro

ทางออกฉุกเฉิน

la salida de emergencia

ไฟไหม้!

¡Fuego!

ถังดับเพลิง

el matafuego

อุบัติเหตุ

el accidente

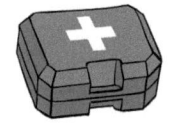

ชุดปฐมพยาบาลเบื้องต้น

el botiquín de primeros auxilios

สัญญาณขอความช่วยเหลือ

el SOS

ตำรวจ

la policía

โลก
la Tierra

ยุโรป

Europa

อเมริกาเหนือ

América del Norte

อเมริกาใต้

América del Sur

แอฟริกา

África

เอเชีย

Asia

ออสเตรเลีย

Australia

แอตแลนติก

el Atlántico

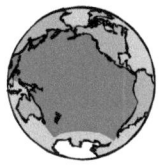

แปซิฟิก

el Pacífico

มหาสมุทรอินเดีย

el Océano Índico

มหาสมุทรแอนตาร์กติก

el Océano Antártico

มหาสมุทรอาร์กติก

el Océano Ártico

ขั้วโลกเหนือ

el polo norte

ขั้วโลกใต้

el polo sur

แอนตาร์กติกา

la Antártida

โลก

la Tierra

พื้นดิน

la tierra

ทะเล

el mar

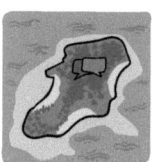

เกาะ

la isla

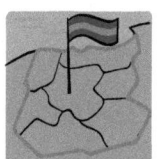

ชาติ/ประชาชาติ

la nación

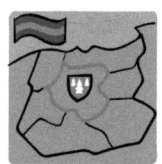

รัฐ

el estado

นาฬิกา
el reloj

หน้าปัดนาฬิกา

la esfera

เข็มชั่วโมง

la manecilla de las horas

เข็มนาที

el minutero

เข็มวินาที

el segundero

กี่โมงแล้ว?

¿Qué hora es?

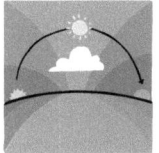

วัน

el día

เวลา

la hora

ตอนนี้

ahora

นาฬิกาดิจิตอล

el reloj digital

นาที

el minuto

ชั่วโมง

la hora

สัปดาห์

la semana

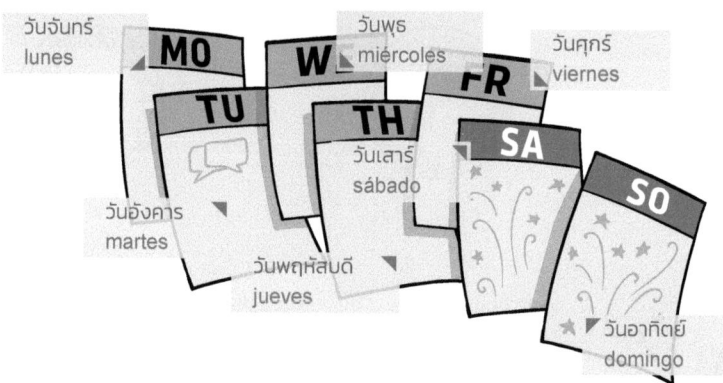

MO
TU
W
TH
FR
SA
SO
วันจันทร์
lunes
วันพุธ
miércoles
วันศุกร์
viernes
วันอังคาร
martes
วันพฤหัสบดี
jueves
วันเสาร์
sábado
วันอาทิตย์
domingo

1

เมื่อวาน

ayer

2

วันนี้

hoy

3

พรุ่งนี้

mañana

ตอนเช้า

la mañana

ตอนเที่ยง

el mediodía

ตอนเย็น

la tarde

MO TU WE TH FR SA SU
1 2 3 4 5 6 7
8 9 10 11 12 13 14
15 16 17 18 19 20 21
22 23 24 25 26 27 28
29 30 31 1 2 3 4

วันทำการ

los días hábiles

MO TU WE TH FR SA SU
1 2 3 4 5 6 7
8 9 10 11 12 13 14
15 16 17 18 19 20 21
22 23 24 25 26 27 28
29 30 31 1 2 3 4

วันสุดสัปดาห์

el fin de semana

el año

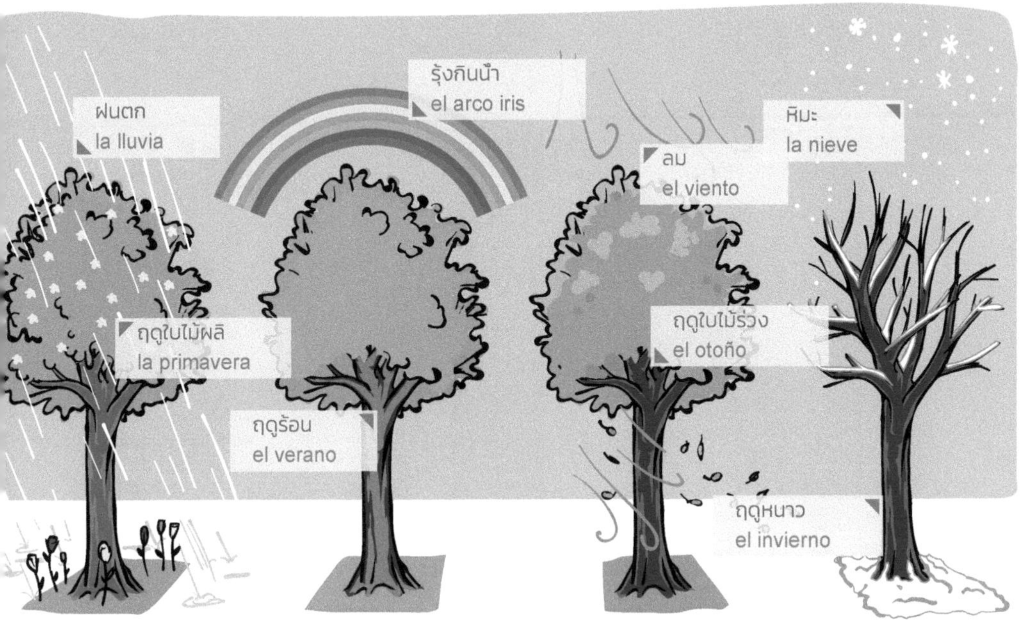

ฝนตก
la lluvia

รุ้งกินน้ำ
el arco iris

ลม
el viento

หิมะ
la nieve

ฤดูใบไม้ผลิ
la primavera

ฤดูร้อน
el verano

ฤดูใบไม้ร่วง
el otoño

ฤดูหนาว
el invierno

4.APRIL	11°	✳
5.APRIL	4°	☁
6.APRIL	13°	☂
7.APRIL	8°	✳
8.APRIL	10°	✳

การพยากรณ์อากาศ
pronóstico meteorológico

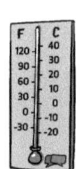

เครื่องวัดอุณหภูมิ
el termómetro

แสงแดด
la luz del sol

ก้อนเมฆ
la nube

หมอก
la niebla

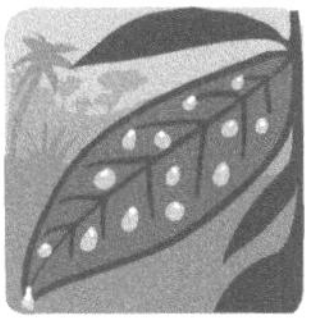

ความชื้น
la humedad

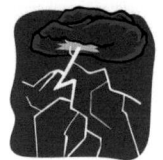

ฟ้าแลบ/ฟ้าผ่า

el rayo

ฟ้าร้อง

el trueno

พายุ

la tormenta

ลูกเห็บ

el granizo

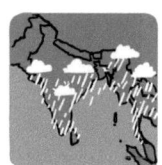

ลมมรสุม

el monzón

น้ำท่วม

la inundación

น้ำแข็ง

el hielo

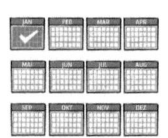

มกราคม

enero

กุมภาพันธ์

febrero

มีนาคม

marzo

เมษายน

abril

พฤษภาคม

mayo

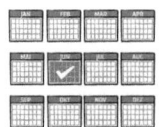

มิถุนายน

junio

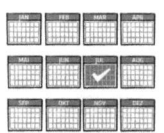

กรกฎาคม

julio

สิงหาคม

agosto

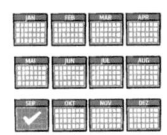

กันยายน
....
septiembre

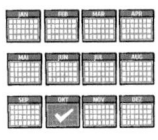

ตุลาคม
....
octubre

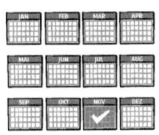

พฤศจิกายน
....
noviembre

ธันวาคม
....
diciembre

รูปร่าง
las formas

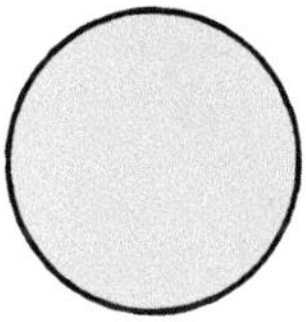

วงกลม
....
el círculo

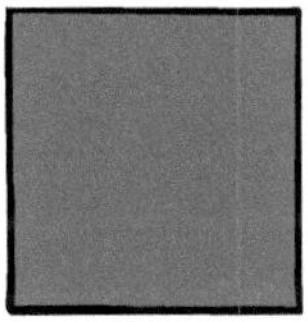

สี่เหลี่ยม
....
el cuadrado

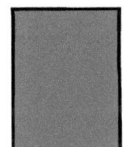

สี่เหลี่ยมผืนผ้า
....
el rectángulo

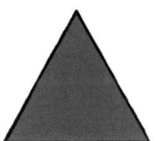

สามเหลี่ยม
....
el triángulo

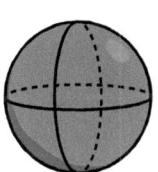

ทรงกลม
....
la esfera

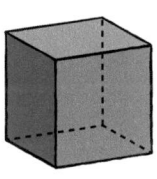

ลูกบาศก์
....
el cubo

สี

colores

ขาว

blanco

เหลือง

amarillo

ส้ม

naranja

ชมพู

rosa

แดง

rojo

ม่วง

violeta

ฟ้า

azul

เขียว

verde

น้ำตาล

marrón

เทา

gris

ดำ

negro

los opuestos

มาก/ น้อย

....

mucho / poco

ฉุนเฉียว/ สงบ

....

enojado / tranquilo

สวยงาม/ น่าเกลียด

....

lindo / feo

เริมต้น/ จบ

....

el principio / el fin

ใหญ่/ เล็ก

....

grande / chico

สว่าง/ มืด

....

claro / oscuro

องชาย,พีชาย/ น้องสาว,พีสาว

....

el hermano / la hermana

สะอาด/ สกปรก

....

limpio / sucio

สมบูรณ์/ ไม่สมบูรณ์

....

completo / incompleto

กลางวัน/ กลางคืน

....

el día / la noche

ตาย/ มีชีวิต

....

muerto / vivo

กว้าง/ แคบ

....

ancho / angosto

กินได้/ กินไม่ได้

comestible / no comestible

ชั่วร้าย/ ใจดี

malo / amable

น่าตื่นเต้น/ น่าเบื่อ

entusiasmado / aburrido

อ้วน/ ผอม

gordo / flaco

อย่างแรก/ สุดท้าย

primero / último

เพื่อน/ ศัตรู

el amigo / el enemigo

เต็ม/ ว่างเปล่า

lleno / vacío

แข็ง/ นุ่ม

duro / blando

หนัก/ เบา

pesado / liviano

หิว/ กระหายน้ำ

el hambre / la sed

ป่วย/ สุขภาพดี

enfermo / sano

ผิดกฎหมาย/ ถูกกฎหมาย

ilegal / legal

ฉลาด/ โง่

inteligente / estúpido

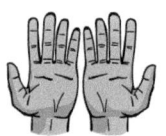

ซ้าย/ ขวา

izquierda / derecha

ใกล้/ ไกล

cerca / lejos

ใหม่/ ใช้แล้ว

nuevo / usado

ไม่มี/ บางสิ่งบางอย่าง

nada / algo

แก่/ หนุ่ม

viejo / joven

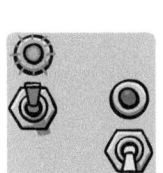

เปิด/ปิด

encendido / apagado

เปิด/ ปิด

abierto / cerrado

เงียบ/ ดัง

silencioso / ruidoso

รวย/ จน

rico / pobre

ถูก/ ผิด

correcto / incorrecto

ขรุขระ/ เรียบ

áspero / suave

เศร้า/ ดีใจ

triste / contento

สั้น/ ยาว

corto / largo

ช้า/ เร็ว

lento / rápido

เปียก/ แห้ง

mojado / seco

อบอุ่น/ หนาวเย็น

caliente / frío

สงคราม/ สันติภาพ

guerra / paz

เลข/จำนวน
los números

0

ศูนย์

cero

1

หนึ่ง

uno

2

สอง

dos

3

สาม

tres

4

สี่

cuatro

5

ห้า

cinco

6

หก

seis

7

เจ็ด

siete

8

แปด

ocho

9

เก้า

nueve

10

สิบ

diez

11

สิบเอ็ด

once

12	13	14
สิบสอง	สิบสาม	สิบสี่
doce	trece	catorce

15	16	17
สิบห้า	สิบหก	สิบเจ็ด
quince	dieciséis	diecisiete

18	19	20
สิบแปด	สิบเก้า	ยี่สิบ
dieciocho	diecinueve	veinte

100	1.000	1.000.000
หนึ่งร้อย	หนึ่งพัน	หนึ่งล้าน
cien	mil	el millón

ภาษา

los idiomas

ภาษาอังกฤษ

el inglés

ภาษาอังกฤษแบบอเมริกัน

el inglés americano

ภาษาจีนแมนดาริน

el chino mandarín

ภาษาฮินดี

el hindi

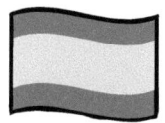

ภาษาสเปน

el español

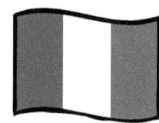

ภาษาฝรั่งเศส

el francés

ภาษาอาหรับ

el árabe

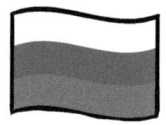

ภาษารัสเซีย

el ruso

ภาษาโปรตุเกส

el portugués

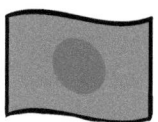

ภาษาเบงกอล

el bengalí

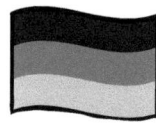

ภาษาเยอรมัน

el alemán

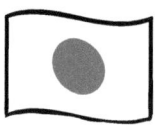

ภาษาญี่ปุ่น

el japonés

ใคร / อะไร / อย่างไร
quién / qué / cómo

ฉัน

yo

เธอ

vos

เขา / หล่อน / มัน

él / ella

พวกเรา

nosotros

พวกคุณ

ustedes

พวกเขา

ellos

ใคร?

¿quién?

อะไร?

¿qué?

อย่างไร?

¿cómo?

ที่ไหน?

¿dónde?

เมื่อไหร่?

¿cuándo?

ชื่อ

el nombre

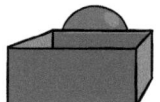

ที่ไหน

dónde

ข้างหลัง

detrás

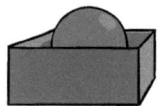

ใน

en

ข้างหน้า

adelante de

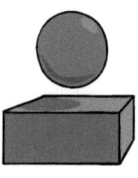

เหนือ

por encima de

บน

sobre

ใต้

debajo de

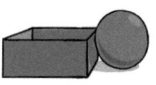

ด้านข้าง

al lado de

ระหว่าง

entre

ตำแหน่ง

el lugar